TABLEAUX

COMPOSANT LA COLLECTION DE

M. le baron RYMACKER DE BISSY,

DE BRUXELLES.

Exposition publique le Mardi 29 Janvier.

M° CHARLES PILLET, | M. DHIOS,
COMMISSAIRE-PRISEUR | EXPERT

1867

EXEMPLAIRE DE DHIOS

CATALOGUE

DE

TABLEAUX MODERNES

DE MAITRES FLAMANDS & HOLLANDAIS

et de quelques

TABLEAUX ANCIENS

COMPOSANT LA

COLLECTION DE M. LE BARON DE **RYMACKER DE BISSY**, A BRUXELLES

DONT LA VENTE AURA LIEU

HOTEL DROUOT, SALLE N° 3

Le Mercredi 30 Janvier 1867

A DEUX HEURES.

Par le ministère de Mᵉ **CHARLES PILLET**, Commissaire-Priseur,
11, rue de Choiseul,
Assisté de **M. DHIOS**, Expert, 33, rue Lepeletier.

Chez lesquels se trouve le Catalogue.

EXPOSITION PUBLIQUE

Le Mardi 29 Janvier 1867, de une heure à cinq heures.

CONDITIONS DE LA VENTE

Elle sera faite au comptant.

Les adjudicataires payeront *cinq pour cent* en sus des enchères.

L'exposition mettant le public à même de se rendre compte de l'état des objets, il ne sera admis aucune réclamation une fois l'adjudication prononcée.

Paris. — Imprimerie de PILLET fils aîné, rue des Grands-Augustins. 5.

DÉSIGNATION DES TABLEAUX

J. MASWIENS

1 — Intérieur de la cathédrale de Burgos (Espagne).

J. MASWIENS

2 — Façade de la cathédrale de Burgos.

J. MASWIENS, 1866.

3 — Le Jubé de l'église de Diemude.

MARY GÉLISSEN, 1838.

4 — Paysage. Vue de montagnes.

MARY GÉLISSEN

5 — Paysage. Bords d'un lac.

Pendant du précédent.

HŒGELSTEIN

6 — Les Balayeurs de rue sur la place Royale. Bruxelles.

J. SEGERS, 1839.

7 — Une jeune Dame avec sa Fille, suivies d'un Nègre, sont représentées à l'entrée d'un parc.

ROBBE

8 — Cheval au milieu d'un paysage.

J. A. BUST

9 — Paysage. Village de Pêcheurs, orné de figures.

J. HUSSON

10 — Paysage avec Berger.

GÉNISSON, 1833.

11 — Intérieur de l'Église Saint-Jacques à Liége.

LEYS (copie par J. Stevens)

12 — Prédication au XVI° siècle.

ÉCOLE MODERNE

13 — Marine.

KIRCH

14 — Scène d'intérieur.

A. DE BRAKELEER, 1862.

15 — Chat dévorant un oiseau. Scène d'intérieur.

Signé **A. T.**

16 — Deux Vaches au pâturage.

J. TOUSSAINT

17 — Le Repas du Chasseur.

J. B. LUYCKE

18 — Jeune Enfant mangeant des macarons.

ROBBE, 21 février 1864.

19 — Vache au pâturage.

ROBBE

20 — Deux Moutons et une Chèvre au milieu d'un pâturage.

DE BEUL (Junior)

21 — Le Repas des Lapins.

DE BEUL (Junior)

22 — Basse-Cour avec Coqs et Poules.

STINVERMANS

23 — Paysage orné de figures.

VERBOECKOVEN (Eugène), 1841.

24 — Vaches au pâturage.

J. STEEN

25 — Le Galant Buveur.

SKALKEN (attribué à)

26 — Jeune Fille à sa fenêtre, tenant une chandelle à la main.

RUBENS (d'après)

27 — Jésus-Christ apparaissant à saint Roch qui guérit les pestiférés.

OSTADE (d'après)

28 — Le Mangeur de harengs.

A. MATHOMAT, 1856.

29 — La Prière pendant l'orage.

CRAESBECK (d'après)

30 — Intérieur d'estaminet.

MIÉRIS (d'après)

31 — La Femme au perroquet.

RUBENS (école de)

32 — La Vierge et l'Enfant Jésus.

ÉCOLE MODERNE

33 — Faust et Méphistophélès.

HASSAERT, élève de Brakeleer.

34 — La Lecture de la Gazette.

HASSAERT, 1866.

35 — Le Vin, l'Amour et le Tabac.

STACHE

36 — Tête de Vieille tenant un livre.

STACHE

37 — Vieillard lisant.

ELBO

38 — Types italiens.

ELBO

39 — Les Muletiers.

Baron **WAPPERS** (d'après Rubens et Van Dyck)

40 — Cadre contenant quatre sujets copiés d'après Rubens et Van Dyck.

ÉCOLE FLAMANDE

41 — Rixe entre trois Hommes.

STEGEN

42 — La Jeune Couturière.

H. DE COENE

43 — Buveurs.

ÉCOLE FLAMANDE MODERNE

44 — Effet d'hiver.

F. PARFOURY, 1861.

45 — Roméo et Juliette.

G. M. TAHANS

46 — Scène d'intérieur. Effet de lumière.

J. STEVENS (copie par)

47 — Le Médecin vert.

ÉCOLE FLAMANDE

48 — Tête de saint Jacques.

DEVOS, 1858.

49 — Trois Chiens au repos.

F. MUSIN

50 — Marine. Tempête.

VINKEMBOOMS

51 — Diane et ses Nymphes en partie de chasse.

ÉCOLE FLAMANDE

52 — Fête champêtre au XVIᵉ siècle.

VAN DER HULSZ

53 — La Bienfaisance. Scène d'intérieur.

REMBRANDT (école de)

54 — Portrait de Femme. Elle est représentée de face, er. collerette tuyautée et vêtement noir.

HOBRÉMA (école de)

55 — Entrée d'un Village.

J. COENE

56 — Petit Paysage.

MATTHIEU

57 — Étude de Chien.

GÉRARD

58 — Chien dans un marais.

F. DIERCKAESENS

59 — Buveur attablé.

TÉNIERS, père.

60 — Le Singe se sert de la patte du Chat pour retirer les marrons du feu.

ÉCOLE DU XVIIIe SIÈCLE

61 — Marché aux Poissons, au bord de la mer.

STACHE

2 — Un Patriote.

TÉNIERS (d'après)

63 — Buveur et Fumeur.

TÉNIERS (école de)

64 — Concert bachique.

DAVID RYCKAERT

65 — Le Cordonnier et sa Femme.

DUMORTIER

66 — Danseuse espagnole.

VERDIER

67 — Sujet Biblique.

OMMÉGANCK

68 — Bouc et Mouton.

ÉCOLE MODERNE

69 — Soldats Louis XV, dans un corps de garde.

ÉCOLE FLAMANDE

70 — La Madeleine.

SNYDERS (d'après)

71 — Gibiers et Fruits.

ÉCOLE FLAMANDE

72 — Le Jugement de Salomon.

VANEYCKEN

73 — La Marchande de fruits.

J. MASWIENS

74 — Ruines de l'Abbaye de Villers.

ROBBE

75 — Quatre Moutons au pâturage.

J. MASWIENS

76 — Intérieur de l'Église Saint-Pierre de Louvain.

B. C. KOEKKOEK, 1835.

77 — Joli Paysage avec pont rustique, orné de figures.

RUBENS (école de)

78 — La Mise au tombeau.

H. DE COENE

79 — La Mère aveugle.

DILLENS (ALBERT)

80 — Intérieur Louis XV.

SPECKAERT, 1807.

81 — Bouquets de Fleurs.

B. NEYT, 1864.

82 — Intérieur de l'Église de Sainte-Gudule à Bruxelles.

L. TAYMANS

83 — Les Deux Amies.

P. J. CLAYS, 1833.

84 — Marine.

A. DE LATHOUWER, 1865.

85 — Paysage avec figures de Dominicains sur le premier plan.

J. D. STEVENS, 1865.

86 — Deux jeunes Femmes font de la musique dans un salon.

L. P. VERWEE et E. VERBOECKOVEN

87 — Paysage, sur le premier plan, un Cavalier cause à un Villageois suivi d'un enfant. — Les figures de ce tableau sont peintes par Eugène Verboeckoven.

L. TAYMANS, 1852.

88 — L'Attente.

J. MASWIENS, 1866.

89 — Vue de la chapelle sépulcrale de la famille Dom Alvaro de Sunov, dans la cathédrale de Tolède.

J. MASWIENS

90 — Intérieur de la cathédrale de Savilla (Espagne).

VAN DYCK (PHILIPPE)

91 — Portrait d'une jeune Femme de distinction.

Elle est représentée assise, le coude appuyé sur une table couverte d'un tapis de Turquie.

Tableau très-fin.

CORNEILLE DE VOS

92 — Portrait d'une jeune Femme de distinction.

Vue à mi-corps, ses cheveux blonds sont relevés et retenus en arrière par des rubans et des plumes. Son cou, entouré d'une large collerette à festons brodés, est orné de colliers de perles et d'or; elle a pour vêtement une robe de soie noire et jaune.

J. VERNET

93 -- Vue du Port de Gênes.

BREUGHEL (JEAN), dit de **Velours**

94 — Paysage, sur un ruisseau. Au bord d'une rivière s'élève un moulin à vent : au pied d'un tertre on voit des Villageois assis causant entre eux, tandis que d'autres apportent des sacs de grains au moulin; dans le fond, un Village.

Petit tableau très-fin.

BREUGHEL (JEAN), dit de **Velours**

95 — Vue d'un Village. Au milieu d'une place de village animée de nombreuses figures, un Pâtre conduit un troupeau de Vaches.

Pendant du précédent.

ÉCOLE MODERNE

96 — La Prière.

ÉCOLE MODERNE

97 — Pour les Pauvres.

MARTIN DE VOS

98 — Portrait d'Homme portant une collerette à fraise.

POURBUS

99 — Portrait de Femme du XVIe siècle, avec coiffure et collerette à fraise.

ÉCOLE FLAMANDE

100 — Portrait d'Homme à barbe blanche.

www.ingramcontent.com/pod-product-compliance
Lightning Source LLC
LaVergne TN
LVHW011009180726
843502LV00007B/2435